UNE
IDÉE LORRAINE.

Mémoire destiné à l'assemblée des délégués des Sociétés savantes, convoquée dans les Salles de la Sorbonne, à Pâques 1863, par S. E. le Ministre de l'Instruction publique.

*Gressus mille novos tacito Lotharingia passu
Præcessit; meriti quàm famæ ditior, ac se
Semper in utilibus promptam, primo ordine præbens.*

Anon. apud Flor. collect.

NANCY,

CHEZ LE LIBRAIRE DE L'ACADÉMIE DE STANISLAS.

1863.

UNE IDÉE LORRAINE.

Il n'y a pas douze ans, Messieurs, qu'un phénomène très-étonnant avait encore lieu en Occident, sur l'horizon philologique et littéraire.

Les nations douées d'une civilisation complète, celles qui ont coutume de se tenir au courant des progrès de la science, tant sur le terrein du passé que sur celui de l'avenir, ces nations s'étaient spontanément prêtées toutes à élargir le cercle de leurs études courantes, afin d'y faire aux langues et aux antiquités de l'Orient la place dont l'Orient est digne. Un peuple seul, ou presque seul, présentait sous ce rapport une affligeante exception ; et cet unique peuple (faut-il l'avouer ?) n'était autre que le peuple français.

Non pas que la France fût restée en arrière de la tâche d'investigation entreprise de toutes parts sur l'Asie. Bien s'en faut ; car, au contraire, par les travaux de pionniers célèbres, elle avait largement payé son tribut intellectuel à l'orientalisme. Mais qu'importe! chez elle l'immobilité générale n'en subsistait pas moins. Par un étrange système, en effet, — résultat ou des préjugés, ou tout au moins des habitudes d'autrefois, — nous avions l'air de ne chercher, dans la possession du savoir, que les jouissances bornées et personnelles d'une satisfaction d'amour propre. Les découvertes que nous consentions à faire, nous avions soin de les laisser inutiles; nous ne les popularisions jamais. Vérités qui non-seulement restaient spéculatives, mais presque aussi abruptes qu'auparavant; vérités dont nous ne faisions point application et que nous ne prenions aucunement la peine de rendre abordables pour autrui, elles formaient chez nous le partage exclusif des savants proprement dits; elles n'exerçaient pas la plus petite influence sur la masse des idées courantes.

II.

Pareil état de choses ne pouvait durer toujours : tôt ou tard les instincts du 19e siècle, époque *pratique* s'il en fut, devaient conduire à faire justice de cette erreur bizarre. Aussi commence-t-on à s'en débarrasser.

Seulement, et quoique les victorieuses lumières qui achèveront de la dissiper, Messieurs, doivent rayonner bientôt du foyer central (parisien par conséquent), ce n'est point de là que le mouvement de réveil est parti. — Il est venu de la province.

Sur nos frontières du Nord-Est, exista jadis une petite nation autonome, dont l'étonnante vigueur, constatée durant sept cents ans, permit à ses ducs-rois de conserver jusqu'au bout, malgré leurs malheurs, non pas la simple demi-indépendance dont étaient forcés de se contenter les ducs de Bourgogne ou de Bretagne, obligés d'assister comme vassaux au sacre des rois de France, — mais la pleine souveraineté, symbolisée par une couronne *fermée* ; — nation qui, survivant de plusieurs âges d'hommes aux dernières grandes masses féodales, — auxquelles on a tort de la comparer, puisqu'elle n'accepta jamais le nom de *province* (1), — ne se fondit tout-à-fait avec la France que vers la naissance de nos grands-pères, il n'y a pas encore cent ans.

Or, héritière des qualités énergiques de cette race austrasienne qui produisit les Charles-Martel et les Charlemagne, la Lorraine s'était fait remarquer,

---

(1) Voir, dans l'ouvrage intitulé *Nancy*, la note 30 (Pages 85 et 86 de la seconde édition).

pendant des siècles, par des créations, des réformes, des impulsions de tous les genres : — ses enfants, devenus Français, n'ont pas entièrement cessé de se caractériser par là, et le branle donné dont nous parlons ici est une de celles dont on leur est redevable (1).

III.

Il y a déjà quarante-deux ans (car c'était en 1821) que dans l'ancienne capitale du pays en question, c'est-à-dire à Nancy, une Académie autrefois nationale, qui est demeurée le point de convergence de tous les genres d'études, et autour de laquelle gravitent les diverses sociétés savantes de la contrée, — l'Académie dite de Stanislas, — entendait la lecture de pages intitulées *Un mot sur les langues de l'Orient*, mémoire rempli de considérations assuré-

---

(1) Les gens à qui n'est pas connue cette série de vérités, indubitable mais peu répandue encore et qui renverse beaucoup d'idées admises, peuvent consulter surtout les ouvrages suivants :

Philosophie de l'Histoire de Lorraine, morceau lu au Congrès scientifique de France en 1850 ;

Lorraine et France, par le comte G. de la Tour ; 1851 ;

Etudes historiques sur l'ancienne Lorraine, par M. V. de Saint-Mauris (conclusions et appendices).

ment bien neuves alors. Dans ce morceau, qui laissait beaucoup à désirer, sans contredit (surtout à cause de l'état trop naissant où se trouvait encore la philologie comparée), on signalait pourtant d'une manière fort nette l'avenir réservé chez nous aux grands idiomes orientaux. On y montrait le large rôle qu'ils seraient appelés à jouer dans un prochain rajeunissement de toutes choses, — et notamment dans une réforme littéraire inévitable, où ils contribueraient « *à renouveler le fond quelque peu usé de l'enseignement classique.* »

Rien qu'à ces paisibles paroles, qui, de si bonne heure, bien avant l'école de Victor Hugo, annonçaient comme nécessaire une grande rénovation de l'art, et qui en même temps, en indiquaient le vrai moyen non point dans les bruyantes saturnales du romantisme, mais simplement dans les beautés, redevenues plus vives, d'un classicisme élargi et rajeuni ; rien qu'à ces paroles, disons-nous, on pouvait déjà reconnaître la physionomie, toute à la fois indépendante et calme, des régions lorraines ; notamment de cette noble cité, placée à leur centre, que des observateurs modernes ont appelée à bon droit, les uns *la ville des initiatives*, et les autres *le quartier-général du bon sens* (1).

---

(1) V. de St-Mauris, G. de la Tour, l'abbé Rohrbacher, etc.

Trente années, et plus, se passèrent sans progrès apparents ; mais le grain germait en silence ; et quand vint l'époque favorable, ce furent encore des membres de l'Académie de Stanislas qui le débarassèrent de ses entraves, et qui l'aidèrent doucement à sortir de terre.

IV.

On se trouvait en 1852. Beaucoup de choses générales paraissaient sur le point de s'organiser, et l'atmosphère régnante semblait permettre aux zélateurs du Vrai de suggérer, sans trop de singularité, des créations un peu hardiment nouvelles.

Nancy crut de son devoir, en observant les circonstances d'alors, de les mettre à profit pour l'intérêt général. Il plaça sous les yeux du Pouvoir, ainsi que sous ceux des connaisseurs, un mémoire qui ne tarda pas à être imprimé ; travail dont une seconde édition a paru en 1853, une troisième en 1857, et qui s'appelle l'*Orientalisme rendu classique dans la mesure de l'utile et du possible.*

Ce titre, Messieurs, est un programme, vous le comprenez bien ; aussi tous les mots y sont-ils pesés.

Ce qu'il s'agit d'introduire dans la sphère des idées françaises, c'est une grande chose ; ce n'est rien moins que l'orientalisme, lequel en est resté jusqu'ici absent.

Il ne s'agit plus, comme auparavant, de le livrer aux fantaisistes ; de n'en faire qu'une rêverie, qu'un thême arbitraire, qu'une ressource romanesque ou théâtrale ; mais bien de le rendre *classique*, c'est-à-dire d'y voir un objet assez sérieux pour lui assigner une part dans les études régulières, fût-ce aux conditions universitaires les plus rigoureuses.

Il s'agit, enfin, de n'essayer une telle révolution qu'avec juste mesure ; c'est-à-dire, d'abord, que dans le cercle de l'*utile*, et puis, dans le cercle même de l'utile, que jusqu'au degré où s'arrête moralement le *possible*.

V.

Nulle difficulté ne s'est présentée sur l'admission de ces bases, évidemment raisonnables ; mais leur application ouvrait matière à examen. Aussi a-t-on étudié la question avec un soin extrême, et pris soin de recueillir de tous côtés l'avis des hommes compétents.

D'abord, Messieurs, comme nous nous plaçons avec vous sur le terrein du réel et de la pratique, vous nous demanderez en quoi consiste l'*orientalisme* dont nous voulons nous occuper ici.

On ne saurait y faire entrer, malgré leurs divers titres à l'intérêt, ces langues de l'Asie qui sont trop éloignées de la sphère de l'éducation européenne ; telles que le turc, par exemple, l'arménien, le chinois ou le malais. Sans doute il est nécessaire de conserver, d'assurer, d'étendre même, l'enseignement de tels idiômes, mais *sur une moindre échelle et par d'autres moyens* que pour les idiômes dont il va être question ici. Écartons donc de nos plans la famille tartare, la famille tibétaine, la famille sino-tonkinoise, etc. Il n'existe que deux familles glossales qui présentent des langues susceptibles d'un certain dégré de *classicime* : le groupe sémitique et le groupe âryen.

A vrai dire, même, dans les idiômes sémitiques, l'élément *classique* est faible ; seulement on ne peut pas soutenir qu'il y soit nul. C'est bien, il est vrai, un classicisme *sui generis*, qui ne réveille qu'en partie les idées ordinairement attachées à ce mot ; néanmoins l'application du terme n'est pas fausse, — quant à l'arabe surtout. — L'arabe régulier, coranesque (car nous laissons ici de côté les divers patois qui s'arrogent le nom d'arabe vulgaire), n'est nullement rebelle aux exigences d'un professorat, même exercé selon les formes universitaires. Tout l'en rend digne : sa richesse grammaticale, sa richesse littéraire, et l'avantage qu'il a eu d'être pendant quatre siècles la langue des sciences, le moyen de transmission des recherches du genre humain.

Pour ce qui est de la famille linguale âryenne, voilà bien celle chez laquelle règne (ou du moins peut régner) le plein Classicisme, le Classicisme comme les Européens l'entendent. Mais au centre de ce groupe, lequel en est la véritable sphère de domination, il y a surtout quatre langues qui l'ont révéré tout de bon, qui l'ont créé législateur de leur littérature : c'est, dans l'antiquité, le sanscrit, le grec et le latin, et dans les âges postérieurs à la renaissance, le français. Personnifié chez nous par Fénélon, Racine, Voltaire, il l'avait été chez les Romains par Cicéron, Térence et Virgile ; chez les Grecs, par Homère, Xénophon, Sophocle ; chez les Indous par Valmiki et par Kalidasa.

Des trois langues anciennes qui connurent le *bon goût* et qui ont mérité le nom de classiques, il n'est pas raisonnablement permis de n'en enseigner que deux, et d'en laisser une de côté : oubli d'autant plus étrange, que celle qu'on néglige est justement la sœur aînée, la directrice des deux autres, et que, par cette ignorance volontaire, on se prive d'immenses secours en philologie usuelle.

Ni l'Angleterre, ni l'Allemagne, ni la Russie, ne tombent dans ce travers ; l'Italie même s'en affranchit déjà ; il n'y a plus guère que la France à qui on puisse encore le reprocher. Mais, grâce à Dieu, le mal ne durera pas ; elle va bientôt se trouver mise à portée de s'en affranchir. Le zèle de la Lorraine lui en fournit successivement tous les moyens.

Dès 1857, dans l'ouvrage intitulé *Fleurs de l'Inde*, un membre de l'Académie de Stanislas avait pu fournir aux étudiants vingt pages de Valmiki, imprimées à l'aide d'un caractère transcriptif créé *ad hoc* à Nancy, d'après un système dont le *Journal asiatique* a publié l'explication raisonnée. Moyennant cette arme typographique, deux membres du même corps savant, MM. Burnouf et Leupol, publièrent en 1859, une grammaire sanscrite usuelle, la première qui eût paru en français ; et ce rudiment, si commode, ils purent deux ans après, en donner une seconde édition, enrichie de caractères dévanagaris dont l'Académie du Roi de Pologne avait patroné et favorisé l'achat.

Avec la même collaboration, M. Burnouf a composé un Dictionnaire sanscrit-français, qui est actuellement sous presse. Auparavant, il avait à lui seul, en 1860, donné une traduction de la Bhagavad Gîtâ, avec texte (romanisé) en regard ; et de son côté, M. Leupol prépare le complément de ces divers travaux pédagogiques, c'est à savoir un *Selectœ*.

VI.

Ainsi, une ville modeste, une simple ville de cinquante mille âmes (laquelle, il est vrai, par héritage, représente d'anciennes gloires de premier ordre), aura, dans le cours de peu d'années, obtenu des résultats étonnants.

Auteur d'un immense effort pour concilier tout de bon le Sémitisme et le Classicisme, Nancy avait tenté sans peur une chose longtemps regardée comme impossible, la résurrection complète du grand lyrique hébreu. Il avait osé essayer de reproduire enfin David avec les couleurs vraies du temps et du lieu, — et cela en deux façons à la fois : d'abord sous sa face *littérale*, par un mot-à-mot commenté, technique, à l'usages des orientalistes, — puis sous sa face *littéraire*, par une traduction en dix mille vers, qui, novatrice et hardie sans doute, fût néanmoins respectueusement soumise à tous les préceptes de l'Ecole racinienne (1).

---

(1) *Les Psaumes, traduits en vers français, et mis en regard d'un texte latin littéral, formant commentaire perpétuel*, avec notes, etc. (Trois vol. in-8°) Nancy, 1858-1859.

Eh bien, il aura fait davantage encore, au profit d'une autre alliance (d'une alliance même plus féconde si on la prend au point de vue pédagogique); car il sera parvenu à marier avec nos modernes exigences de temps et d'argent, conditions pour ainsi dire collégiales, les sérieuses conditions antiques dont ne pouvait se dépouiller l'étude du père des idiômes indo-européens. Oui, Nancy seul aura *voulu* et *su* vulgariser cette magnifique langue brahmanique, si précieuse ne fût-ce que pour sa grammaire, — si riche d'ailleurs en chefs-d'œuvre de poésie et de sentiment moral. — Déployant une constance, une intelligente vigueur, qu'a très-bien su apprécier, l'été dernier, un voyageur haut placé (dont l'approbation va se manifester par de solides marques d'appui, dignes de sa puissance de coup-d'œil), — les Lorrains auront conquis, en faveur de leur grande œuvre, les munificences de l'Etat, MAIS ILS NE LES AVAIENT POINT ATTENDUES POUR AGIR. Par la force de leur conception, par celle de leur invariable confiance et de leur volonté persévérante, ils auront réussi à fournir au simple public lettré, à la simple classe *bachelière*, tous les moyens nécessaires pour entendre les auteurs sanscrits. En moins de dix ans, ils auront rendu accessible, fût-ce aux lycéens, — à plus forte raison aux professeurs (gens à qui surtout la connaissance en est importante, pour ne pas dire nécessaire) — une langue dont mal à propos on s'était fait un épouvantail. Cette langue, qui jette de si vives clartés sur le grec et le latin, et qui en facilite tellement l'étude, voilà qu'elle va se trouver mise à portée de tout amateur un peu laborieux, et que le Gouvernement sera maître de la déclarer *classique* dès qu'il voudra.

VII.

Reste à examiner dans quelle mesure on peut le faire utilement.

Qu'il soit temps de ne plus s'en tenir au Collège de France, — sanctuaire jusqu'ici presque unique où se soit gardée l'étincelle sacrée, jusqu'à ce que s'allumassent d'autres feux durables, — là dessus tout le monde est d'accord ; — mais combien de foyers doit-on maintenant créer?

VIII.

Quelques personnes, poussant trop loin les conséquences d'un principe vrai, c'est-à-dire de l'extrême importance grammaticale et littéraire du sanscrit, voudraient qu'il fût professé sinon dans tous les collèges, même secondaires, au moins dans tous les lycées. Un pareil zèle se conçoit ; il mérite estime, il n'est pas dépourvu d'arguments plausibles. Mais, nonobstant l'attrait qu'il exerce, ses conseils doivent être repoussés avec force ; car, en toute hypothèse, ils sont AU MOINS PRÉMATURÉS ; et leur adoption, si elle avait lieu, nuirait au succès final de la cause.

Placée qu'elle est sur un terrein solide, l'Ecole de Nancy a trop le sens des réalités pour vouloir appuyer ce premier système ; elle ne confond point avec ce qu'on peut *rêver* comme beau, ce qu'on peut *demander* comme actuellement désirable. Laissons de côté les questions qui ne sont pas mûres. Aux générations qui nous suivront, Messieurs, à décider de ce qui leur conviendra, d'après l'état où elles seront parvenues. Quant à nous, restons dans les possibilités sérieuses du présent. Comme le disait très-bien Ballanche, il ne faut jamais faire franchir à l'esprit humain « deux *degrés d'initiation* à la fois. »

IX.

D'autres personnes mettent en avant un système tout opposé, consistant à ne fonder qu'une chaire subsidiaire, — laquelle même, à la rigueur, existe déjà, puisque M. Oppert a reçu permission de doubler, à la Bibliothèque, l'enseignement sanscritique du Collège de France. — Il suffirait, prétend-on, de transporter cette chaire à l'Ecole normale, et d'en imposer les cours à tous les élèves de ce grand établissement, c'est-à-dire à des centaines de futurs professeurs, appelés à se disséminer un jour sur la face entière de l'Empire, — par conséquent à y répandre aussi la connaissance de l'idiôme classique primordial, honteusement ignoré chez nous.

Certes, l'idée est séduisante, car elle paraît aussi féconde que simple ; mais il y a là mirage, illusion, et les résultats ne répondraient en aucune manière à l'attente.

D'une part, on ne pourrait donner ainsi aux jeunes maîtres qu'un enseignement rapide et insuffisant du sanscrit ; et de l'autre, pourtant, cette besogne supplémentaire, — venant s'ajouter, de force, à leurs études déjà si nombreuses, — fatiguerait une partie d'entre eux, et pourrait leur faire prendre en dégoût les trésors dont il sied au contraire d'exciter chez eux le désir.

D'ailleurs, n'ayant de cette façon, créé que deux chaires en tout, et ne proposant par conséquent point la chance d'assez de postes honorables, pour récompense possible d'efforts orientalistes sérieux,

— pourquoi espèrerait-on que les jeunes sujets se livrassent avec suite à de pareils travaux? — Evidemment ils s'en tiendraient le plus souvent aux plaisirs d'une sorte de prélibation superficielle. L'Université donc, manquant le but, l'aurait dépassé sans l'atteindre.

X.

Pour se placer dans la juste mesure, pour ne faire ni trop ni trop peu, il faut prendre un autre parti, le seul qui réponde aux vrais besoins.

La voie où il convient d'entrer, c'est celle qu'après examen approfondi ont cru devoir recommander au Gouvernement deux Sociétés savantes de province : l'Académie de Stanislas et l'Académie impériale de Metz.

Il ne s'agit que d'ériger DANS TOUTES LES FACULTÉS DES LETTRES deux chaires de langues orientales classiques : savoir, pour le groupe des idiômes *aryens*, une de sanscrit, et pour le groupe des idiômes *sémitiques*, une d'arabe dit coranesque ou littéraire.

Aucune contrainte ne serait imposée. Suivrait de tels cours UNIQUEMENT QUI VOUDRAIT. Mais on peut s'en rapporter au zèle des jeunes bacheliers distingués, lorsqu'une fois ceux-ci n'ignoreraient pas qu'au jour des épreuves, soit de licence, soit de doctorat, soit d'aggrégation, ces sortes d'études auraient du poids, et que, sans en faire un article de programme, on pourrait *y avoir égard* dans les cas de doute. Et puis, l'existence même de ces chaires, à la fois honorables et bien rétribuées, offrirait un si noble but d'ambition, que certainement, pour l'atteindre, les plus brillants sujets du Corps enseignant se livreraient à des études surérogatoires dont profiterait la Science. Par là se trouverait assurée la conservation, l'extension même, d'une phalange d'orientalistes.

Ce moyen est le seul efficace, et en même temps il suffit. *Plus que cela*, n'est vraiment pas nécessaire ; *moins que cela* ne serait point assez.

Au premier coup d'œil, la mesure semble ne remédier qu'à une partie des périls qui menacent l'Orientalisme français. Mais non ; toute restreinte qu'elle est, elle le préserve totalement, parce qu'elle garantit les deux points essentiels, ceux autour desquels pivotent les autres. Dès que les seize Facultés des Lettres posséderont chacune une chaire pour le plus riche des idiômes âryens (le sanscrit) et une pour le plus riche des idiômes sémitiques (l'arabe), on pourra se tranquilliser ; car les titulaires de ces chaires, assurés qu'ils seront sur leur sort personnel, ne se renfermeront pas dans le cercle exigu de la science dont ils seront titulaires ; ils se livreront de leur plein gré à des études voisines. Ainsi, parmi les professeurs de sanscrit, il y en aura qui cultiveront spontanément le zend, le perse, le pehlévi, etc. Ainsi, dans le nombre des professeurs d'arabe, plusieurs s'appliqueront volontiers au phénicien, à l'assyrien, à l'ehhbkili, voire au copte, ou même au bérébère ; peut-être même en verra-t-on quelques-uns s'occuper librement du turc ; car, à défaut de connexité entre les grammaires, il y aurait là, du moins, connexité des littératures.

XI.

Quant à l'objection tirée de ce qu'il existe trop peu d'hommes actuellement capables de remplir les emplois dont nous parlons, elle se réduit à rien, car elle prouve *trop*. On aurait beau attendre vingt, trente, quarante ans, on n'en serait pas plus avancé. Pour des postes, en effet, qui n'existent point, il ne se formera jamais de noviciat sérieux. — Dès qu'ils seront créés, c'est différent. Alors trois ou quatre ans ne se passeront pas sans qu'on ne voie sortir de terre des candidats dignes de les occuper ; dussent-ils pour cela s'être allés perfectionner de divers côtés, même hors de France.

Il convient donc que le Gouvernement soit prié, soit supplié, de CRÉER EN PRINCIPE, dès à présent, dans toutes les Facultés des Lettres une chaire de SANSCRIT et une d'ARABE CLASSIQUE ; — sauf à lui à se réserver une latitude de cinq ans pour en désigner les professeurs. Dès lors, il pourvoirait, avec calme et loisir, aux nominations, d'après les possibilités successives, — en se réglant et sur la capacité plus ou moins grande acquise par les candidats, et aussi sur le zèle plus ou moins vif manifesté par les auditoires.

XII.

Un tel plan, — qui n'est que le résumé des vœux émis par deux corporations savantes, et des adhésions qu'après discussion y ont données des hommes graves et connaisseurs ; — un tel plan, Messieurs, est digne de toutes les sollicitudes de l'Autorité supérieure.

Pourquoi n'obtiendrait-il pas l'active bienveillance du Ministre éclairé qui dirige l'Instruction publique en France, — homme d'Etat qui doit désirer de laisser après lui d'honorables traces de son passage au pouvoir ?

Pourquoi même ne fixerait-il pas l'attention personnelle du Souverain? Il ne s'agit point ici, en effet, d'une résolution secondaire et purement administrative. Grandiose en même temps que sage, l'importante mesure dont il est question, aurait de vastes conséquences sous deux rapports. D'une part, elle assurerait l'avenir du Classicisme français, qu'elle rajeunirait SANS PERTURBATIONS AUCUNES, par l'admission d'une sève nouvelle et néanmoins irréprochable; — et d'autre part, elle nous replacerait en tête des nations étrangères, lesquelles pendant notre somnolence, ont pris sur nous l'avance au point de vue linguistique. — Nous restituer à cet égard la primauté dont nous avons longtemps joui, ce serait l'une de ces entreprises qui, bien que peu difficiles, brillent à cause de leurs résultats, — et figurent ainsi parmi les gloires d'un règne.

P. G. DE DUMAST.

www.ingramcontent.com/pod-product-compliance
Lightning Source LLC
Chambersburg PA
CBHW060901050426
42453CB00011B/2066